Rookie Español Geografía

W9-ASL-463

Nueva York

por Sarah De Capua

Consultore
Nanci R. Vargus, Ed.D.
Profesora asistente de lectura
Universidad de Indianápolis
Indianápolis, Indiana

Traductora
Eida DelRisco

Children's Press®
Una división de Scholastic Inc.
Nueva York   Toronto   Londres   Auckland   Sydney
Ciudad de México   Nueva Delhi   Hong Kong
Danbury, Connecticut

Diseño: Herman Adler Design
Investigadora de fotografías: Caroline Anderson
La foto de la cubierta muestra el Parque Estatal de Adirondack, en Nueva York.

Información de Publicación de la Biblioteca del Congreso de los EE.UU.

De Capua, Sarah.
  [New York. Spanish]
  Nueva York / Sarah De Capua.
  p. cm. — (Rookie español geografía)
  Incluye un índice.
  ISBN 0-516-25109-0 (lib. bdg.)   0-516-25515-0 (pbk.)
  1. Nueva York (estado) —Literatura juvenil. 2. Nueva York (estado) —Geografía—
Literatura juvenil. I. Título. II. Series.
  F119.3.D413 2004
  974.7'1—dc22

                      2004005002

6 7 8 9 10 R 13 12 11 10 09   62

¿Sabes dónde puedes encontrar las montañas Adirondack?

¡En el estado de Nueva York! ¿Puedes localizar Nueva York en este mapa? Está en el noreste de Estados Unidos.

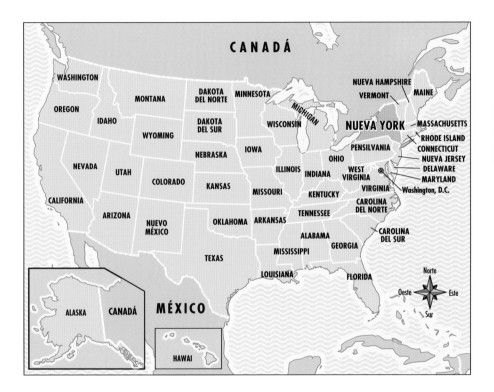

CANADÁ

WASHINGTON

OREGON

IDAHO

MONTANA

DAKOTA DEL NORTE

MINNESOTA

MICHIGAN

NUEVA HAMPSHIRE

VERMONT

MAINE

WYOMING

DAKOTA DEL SUR

WISCONSIN

NUEVA YORK

MASSACHUSETTS

RHODE ISLAND

NEBRASKA

IOWA

OHIO

PENSILVANIA

CONNECTICUT

NUEVA JERSEY

NEVADA

UTAH

COLORADO

KANSAS

ILLINOIS

INDIANA

WEST VIRGINIA

DELAWARE

MARYLAND

CALIFORNIA

MISSOURI

KENTUCKY

VIRGINIA

Washington, D.C.

ARIZONA

NUEVO MÉXICO

OKLAHOMA

ARKANSAS

TENNESSEE

CAROLINA DEL NORTE

ALABAMA

GEORGIA

CAROLINA DEL SUR

TEXAS

MISSISSIPPI

LOUISIANA

FLORIDA

Norte

Oeste

Este

Sur

ALASKA

CANADÁ

MÉXICO

HAWAI

5

Long Island es parte
de Nueva York. En las
costas de esta isla hay
muchas playas.

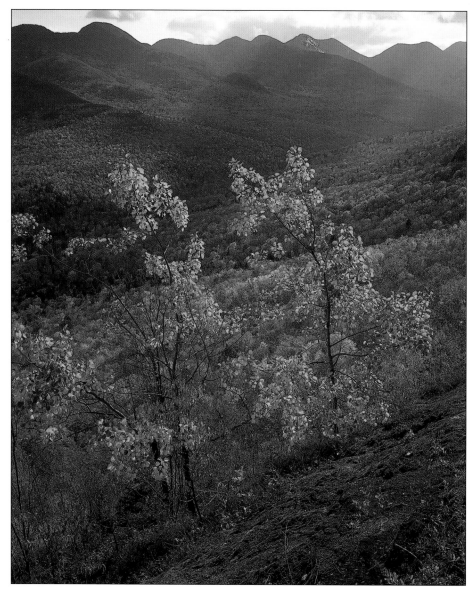

Las montañas de Catskill
y Adirondack cubren
gran parte de Nueva York.
El monte Marcy está en las
montañas de Adirondack.
Es el punto más alto
del estado.

Los bosques de Nueva York
están llenos de pinos, abetos,
arces azucareros y abedules.

El arce azucarero es el símbolo
del estado de Nueva York.

La mayor parte de las tierras de cultivo de Nueva York se encuentran en el norte y el oeste del estado. Los granjeros crían vacas y cultivan manzanas, maíz, heno y verduras.

Hay cientos de lagos en Nueva York.

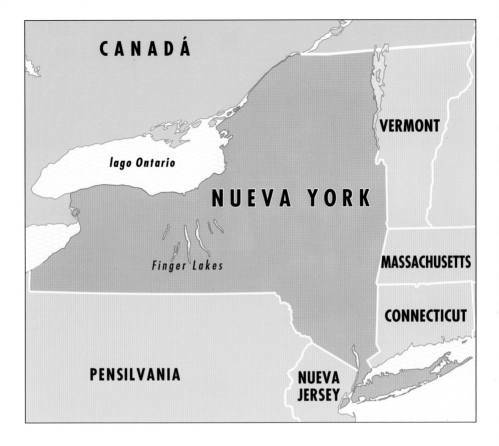

Los Finger Lakes son los
lagos más conocidos
del estado.

La ciudad de Nueva York
es la más grande de todo
el estado. Allí viven cerca
de ocho millones de personas.

Uno de sus sitios más
famosos es el edificio
Empire State.

Albany es la capital de Nueva York. Se encuentra junto al río Hudson. Otras ciudades importantes son Buffalo, Rochester y Syracuse.

Albany

En las ciudades, la mayoría
de la gente trabaja en fábricas
o en oficinas. Las fábricas hacen
ropas y componentes electrónicos.

Nueva York también tiene pueblos pequeños. Red House es el pueblo más pequeño del estado. Sólo tiene 38 habitantes. La mayoría de las personas que viven en los pueblos pequeños de Nueva York trabajan como granjeros o como mineros.

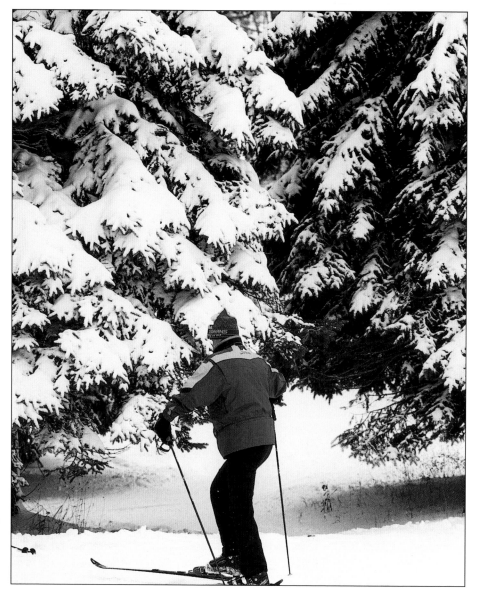

Nueva York tiene nieve
en invierno y es cálido
en verano.

En Nueva York se pueden encontrar animales como osos negros, coyotes, zorros, castores y puerco espines.

También se pueden encontrar
muchos tipos de aves: pavos
salvajes, petirrojos y gorriones.
El azulejo es un símbolo
del estado de Nueva York.

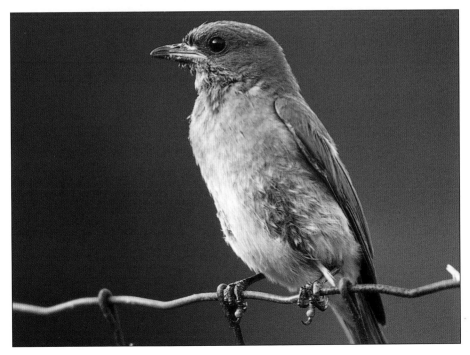

A muchos les gustan las ciudades bulliciosas y llenas de gente de Nueva York.

A otros les gustan los lugares
tranquilos en la naturaleza.
¿Cuál es tu lugar favorito?

Palabras que sabes

azulejo

edificio Empire State

tierras de cultivo

bosque

30

Long Island

montañas

ciudad de Nueva York

arce azucarero

31

Índice

Acerca de la autora

Sarah De Capua es escritora y editora de libros para niños. Vive en Colorado.
La autora quiere agradecer a Edward Knoblauch y a Rachel Rubin de
La Enciclopedia del Estado de Nueva York por su ayuda cortés.

Créditos de las fotografías

Fotografías © 2004: Envision/Henryk T. Kaiser: 10, 30 abajo a la derecha; Peter Arnold
Inc./Robert Mackinlay: tapa; Photo Researchers, NY/Rafael Macia: 7, 31 arriba a la
izquierda; Superstock, Inc.: 14, 28; The Image Works: 21 (David Lassman), 29 (Daniel
Wray); Tom Till: 3, 8, 11, 31 abajo a la derecha, 31 arriba a la derecha; Visuals Unlimited:
25, 26 (Bill Banascewski), 19, 24 (Steve Callahan), 27, 30 arriba a la izquierda (Gary W.
Carter), 16, 17, 30 arriba a la derecha, 31 abajo izquierdo (Jeff Greenberg), 20 (D. Long),
12, 23, 30 abajo izquierdo (L.S. Stepanowicz), 13 (E. Webber).

Mapas de Bob Italiano